BEI GRIN MACHT SICH IHR WISSEN BEZAHLT

AF151753

- Wir veröffentlichen Ihre Hausarbeit, Bachelor- und Masterarbeit

- Ihr eigenes eBook und Buch - weltweit in allen wichtigen Shops

- Verdienen Sie an jedem Verkauf

Jetzt bei www.GRIN.com hochladen und kostenlos publizieren

Lydia Respondeck

Heimeinrichtungen am Beispiel der Kinder- und Jugendwohngruppe "Villa Max" der "Stiftung Dr. Georg Haar" Weimar

Wie lässt sich die Neue Steuerung in der Praxis realisieren?

GRIN Verlag

Bibliografische Information der Deutschen Nationalbibliothek:

Die Deutsche Bibliothek verzeichnet diese Publikation in der Deutschen National-
bibliografie; detaillierte bibliografische Daten sind im Internet über http://dnb.d-
nb.de/ abrufbar.

Impressum:

Copyright © 2009 GRIN Verlag GmbH
Druck und Bindung: Books on Demand GmbH, Norderstedt Germany
ISBN: 978-3-656-15299-6

Dieses Buch bei GRIN:

http://www.grin.com/de/e-book/190513/heimeinrichtungen-am-beispiel-der-kinder-
und-jugendwohngruppe-villa-max

GRIN - Your knowledge has value

Der GRIN Verlag publiziert seit 1998 wissenschaftliche Arbeiten von Studenten, Hochschullehrern und anderen Akademikern als eBook und gedrucktes Buch. Die Verlagswebsite www.grin.com ist die ideale Plattform zur Veröffentlichung von Hausarbeiten, Abschlussarbeiten, wissenschaftlichen Aufsätzen, Dissertationen und Fachbüchern.

Besuchen Sie uns im Internet:

http://www.grin.com/

http://www.facebook.com/grincom

http://www.twitter.com/grin_com

Universität Kassel
Fachbereich Sozialwesen
Vorlesung: Handlungsfelder der Sozialen Arbeit
Sommersemester 2009

Heimeinrichtungen am Beispiel der Kinder- und Jugendwohngruppe „Villa Max" der „Stiftung Dr. Georg Haar" Weimar

Wie lässt sich die Neue Steuerung in der Praxis realisieren?

Vorgelegt am 30.09.09

Von: Lydia Respondeck

Studiengang: Soziale Arbeit (B. A.)
Fachsemester: 2

Inhaltsverzeichnis

1   Einleitung

Im Rahmen der Hausarbeit für die Vorlesung Handlungsfelder der Sozialen Arbeit soll eine soziale Einrichtung vorgestellt werden. Deshalb habe ich mich für das Thema „Stationäre Heimeinrichtungen am Beispiel der Kinder- und Jugendwohngruppe „Villa Max" der Stiftung „Dr. Georg Haar" Weimar, entschieden.

Außerdem werde ich versuchen, die Frage nach der Umsetzbarkeit der Neuen Steuerung, also die gesetzliche Novellierung des Kinder- und Jugendhilfegesetzes (§§78 a bis g), am Praxisbeispiel der „Villa Max", zu beantworten.

Für diese Thematik habe ich mich aufgrund der aktuellen Situation der stationären erzieherischen Hilfen entschieden. Durch den gesellschaftlichen Wandel der vergangenen Jahre, ist der Bedarf an Hilfen zur Erziehung, insbesondere stationärer Heimeinrichtungen, enorm angestiegen. Diese stellt die kostenintensivste Form der Erziehungshilfe dar. Die hohe Nachfrage der Anspruchsberechtigten stürzt die öffentlichen Träger in finanzielle Engpässe und führt zu einem Missverhältnis. Folglich ist die Neue Steuerung aus der Ökonomie auf die Kinder- und Jugendhilfe übertragen worden, mit der Hoffnung eine Kostensenkung zu bewirken. Die gesetzliche Erweiterung des KJHG führte zu einem Diskurs über die Qualität der erzieherischen Hilfen.[1] Ziel des Themas und der Fragestellung soll sein, die Machbarkeit bzw. die Umsetzungsfähigkeit der Neuen Steuerung am Beispiel der Kinder- und Jugendwohngruppe „Villa Max" zu ermitteln.

Zu Beginn der Hausarbeit soll im zweiten Kapitel die Stiftung „Dr. Georg Haar" als bedeutender Träger der Region Weimars kennen gelernt werden. Die Art der Stiftung, ebenso wie die Geschichte, die Grundwerte, das Leitbild und die organisatorische Struktur, werden vorgestellt. Denn es sollen die Rahmenbedingungen veranschaulicht werden, in welche die stationäre Einrichtung „Villa Max" eingebettet ist. Dazu gehören ebenso die fachlichen Rahmenbedingungen wie auch die Qualitätsanforderungen, welche die Stiftung „Haar" an ihre Einrichtungen hat. Das dritte Kapitel beschäftigt sich explizit mit der zu behandelnden Heimeinrichtung sowie deren Konzeption. Es wird in die rechtlichen Grundlagen der Kinder- und Jugendwohngruppe, wie auch in die Methoden eingeführt sowie die Räumlichkeiten vorgestellt. Im Anschluss beschäftigt sich das vierte Kapitel mit der Neuen Steuerung und den damit verbundenen Qualitätsanforderungen. Das Schlusswort soll einen resümierenden Charakter haben sowie die eingangs formulierte Fragestellung beantworten.

---

[1] vgl. Günder 2007, S.61

2. Die Stiftung „Dr. Georg Haar" Weimar

2.1 Angaben zur Art der Gesamteinrichtung

Die Stiftung „Dr. Georg Haar" ist eine private gemeinnützige Stiftung und anerkannter Träger der freien Kinder- und Jugendhilfe in der Stadt Weimar, nach §75 SGB VIII, sie ist keinem Verband der freien Wohlfahrtspflege zugehörig. Im Bereich der Jugendarbeit versucht sie benachteiligten Kindern und Jugendlichen mit offener Jugendarbeit nach §11 SGBVIII, wie auch Hilfen nach §13 und §19 SGBVIII, nach den Hilfen zur Erziehung, in Verbindung mit §27ff. SGBVIII, Hilfen für junge Volljährige nach § 41 SGB VIII und Eingliederungshilfe für seelisch Behinderte, besonderen Schutz zukommen zu lassen. Es können Kinder und Jugendliche zwischen 3 und 27 Jahren betreut werden.[2]

Die Organisation und Leitung der Stiftung unterhält und bringt unterschiedliche Projekte als in sich geschlossene und strukturierte Betriebe hervor. Die teamorientierten Betriebe der Stiftung „Dr. Georg Haar haben ein, an ihrer Konzeption orientiertes Personalangebot. Jedes Team hat einen Leiter, als Bindeglied zur Gesamtleitung. Diese sind klar gegliedert und für Außenstehende transparent. Die Angebote, Programme und Zielgruppen sind durch Konzeptionen abgesichert. Eindeutige Aufgabenstellungen, welche in den jeweiligen Konzepten verankert sind, machen es möglich durch Teamberatungen, Klausurtagungen, Zwischenauswertungen, Fallberatungen und Supervisionen, die jeweiligen Pläne zu lenken.[3]

Dies sichert die Qualität der einzelnen Wohngruppen und macht es in Verbindung mit der Unterstützung der Einrichtungs- und Erziehungsleitung der Stiftung sowie durch die Beratung der „AG Fallschirm" möglich, effizient die im Hilfeplan nach § 36 SGB VIII zu erreichen.

Alle Angebote der Stiftung sind mit den freien Trägern im Verbund auf der Stadtebene und mit dem Jugendamt nach Bedarf abgestimmt.[4]

2.2 Von Dr. Georg Haar zu differenzierten Angeboten der Kinder- und Jugendhilfe - Ein geschichtlicher Abriss

Der erfolgreiche Weimarer Unternehmer und Rechtsanwalt Dr. Georg Haar wurde am 17. November 1887geboren.

Im Dezember des Jahres 1933 ehelichte er Anna Karola Felicitas von Holtum aus Braunschweig, welche zwei Söhne aus ihrer ersten Ehe mitbrachte.[5]

---

[2] vgl. Leistungsbeschreibung „Villa Max" 2008, S. 1
[3] vgl. http://www.stiftunghaar.de/stiftung/konzeption.html, 10. 07. 2009
[4] vgl. Leistungsbeschreibung „Villa Max" 2008; S. 2

Nach dem Tod seines Vater, dem Kommerzienrat und Kaufmann Otto Haar 1936, zog er in die „Villa Haar" und führte dessen Geschäfte im Konfektionswarenhaus „Max Haar" in der Schillerstraße 5a, mit seiner Frau Felicitas erfolgreich weiter. Auch während des Zweiten Weltkrieges gaben sie ihre Geschäfte nicht auf und lehnten es ab, nach Beendigung des Krieges mit den amerikanischen Einheiten aus Weimar wegzugehen. Die Trauer über den Tod Felicitas Söhne durch den Krieg ließ das Ehepaar nicht los. Auch die Besatzung Weimars, durch die russische Armee löste in Dr. Georg Haar und seiner Frau Angst vor Zwangsmaßnahmen dieser und Ungewissheit über die Zukunft aus. Deswegen entschieden sie sich gemeinsam am 22. Juli 1945 mit Hilfe von Gift für den Freitod.[6]

Mit seinem Testament vom 06. Juni 1945 machte er die Stadt Weimar zur alleinigen Erbin seines erheblichen Vermögens. Das Erbe war an die Bedingungen geknüpft in der „Villa Haar" ein Kriegswaisenhaus einzurichten und den Namen des Gebäudes beizubehalten. Die Gewinne durch die zahlreichen Immobilien und das Geschäftshaus sollten der Finanzierung des Waisenhauses dienen.[7]

Schon im Oktober des gleichen Jahres zogen erste Waisen in die „Villa Haar" ein. Ab August 1946 konnte auch das Kaufhaus in der Schillerstraße seiner testamentarischen Bestimmung dienen, da es zuvor noch von der russischen Armee genutzt wurde. Am 28. Februar 1947 wurde die Gründung der Stiftung „Dr. Georg Haar" durch die Stadtverordnetenversammlung beschlossen. Ihr Vermögen besteht aus der „Villa Haar", dem dazugehörenden Gründstück in der Ilmstraße 6 (heute Dichterweg 2a), den Gebäuden mit den entsprechenden Grundstücken in der Schillerstraße 5a, Deinhardtgasse 8 (heute Brauhausgasse) und dem damals unbebauten Areal zwischen der Schillerstraße und der Schützengasse.

Der finanzielle Erfolg der privatrechtlichen Stiftung „Dr. Georg Haar" durch ihren Besitz und den Gewinn des Kaufhauses, wurde von der neuen Regierung der Deutschen Demokratischen Republik nicht geduldet. 1952 wurde die Firma „Max Haar" verstaatlicht und von der Volkseigenen Handelsorganisation übernommen, sämtliche Immobilien enteignet und die Stiftung „Dr. Georg Haar" aufgelöst. Das Waisenhaus „Villa Haar" wurde in „Kinderheim Rosa Thälmann" umbenannt und der Ertrag Dr. Georg Haars einschließlich seines Erbes geriet in Vergessenheit.

---

[5] vgl. http://www.stiftunghaar.de/stiftung/geschichte.html, 10.07.2009
[6] vgl. http://www.stiftunghaar.de/stiftung/geschichte-entstehung.html; 10.07.2009
[7] vgl. http://www.stiftunghaar.de/stiftung/geschichte.html; 10.07.2009

Mit der Wiedervereinigung Deutschlands wurde 1990 die Umbenennung des Hauses in „Kinderheimstätte Villa Haar" beantragt und die Stiftung, im Sinne des Erbes, neu gegründet. Des Weiteren folgte die Umstrukturierung der Kinderbetreuung, den aktuellen Anforderung entsprechend, verbunden mit neuen Auflagen für die Betriebserlaubnis im Kontext des Kinder- und Jugendhilfegesetzes. In Folge dessen wurde 1994 auf dem großzügigen Gelände der „Villa Haar" ein Kinderheim neu gebaut und „Villa Felicitas" genannt. Seit der Wende entwickelte sich die Stiftung „Dr. Georg Haar" zu einem fortschrittlichen Träger der Kinder- und Jugendhilfe wie auch der offenen Jugendarbeit.[8] Die „Villa Haar" wird heute als Tagungs-, Seminar- sowie Veranstaltungshaus genutzt.[9]

2.3 Die Grundwerte und das Leitbild der Stiftung „Dr. Georg Haar"

Individuelle Lebenslagen von Kindern und Jugendlichen sind von der Gesellschaft abhängig, in der sie leben. Ihre Aufgabe ist es, benachteiligten Kindern und Jugendlichen besondere Hilfe und Schutz zukommen zu lassen. Deshalb hat sich die Stiftung „Dr. Georg Haar" das Ziel gesetzt, auf der Basis von freiheitlich demokratischen Grundwerten, unter besonderer Achtung der Menschenwürde, der Gleichberechtigung sowie der freien Entfaltung der Persönlichkeit, die zu betreuenden Kinder und Jugendlichen individuell zu begleiten.[10]

Als Förderer heranwachsender Menschen und deren Familien vereint die Stiftung mithilfe ihrer fachkundigen und produktiven MitarbeiterInnen, anpassungsfähige Konzepte; Maßnahmen, Projekte und Einrichtungen der ambulanten, stationären sowie offenen Kinder- und Jugendhilfe unter einem Dach, stammend aus der Weiterführung und dem Vermächtnis der Familie Haar.

Des Weiteren versteht sich die Stiftung als zuverlässige, stabiler wie produktive Jugendhilfeträger und als Erfolg versprechendes Unternehmen zugleich[11].

2.4 Die Organisatorische Struktur

Die Organe der Stiftung sind der Stiftungsvorstand und der Stiftungsrat. Vertreten wird die Stiftung durch ihren Vorstand, welcher als Kontrollorgan die Einhaltung des letzten Willens Dr. Georg Haars beaufsichtigt. Die Mitglieder des Stiftungsrates werden vom Stadtrat ge-

---

[8] vgl. http://www.stiftunghaar.de/stiftung/geschichte-entstehung.html; 10.07.2009
[9] vgl. http://www.stiftunghaar.de/villahaar/ueberblick.html; 11.07.09
[10] vgl. http://www.stiftunghaar.de/stiftung/konzeption.html; 10.07.09
[11] vgl. http://www.stiftunghaar.de/pics/07.06.06_leitbild.pdf; 11.07.09

wählt und haben zur Kontrolle das Entscheidungsrecht bei großen Veränderungen innerhalb der Stiftung inne, ebenso berufen sie den Gesamtsleiter.[12]

Unter dem Dach der Stiftung „Dr. Georg Haar" hat die Organisation und die Gesamtleitung konzeptionell eigenständige stationäre und ambulante Einrichtungen der Kinder- und Jugendhilfe geschaffen.

Die Stiftung „Dr. Georg Haar" unterhält nach § 34, § 35 und § 35a integrativ in Verbindung mit § 27 des KJHG verschiedene Maßnahmen der stationären Einrichtungen. In familienähnlichen Strukturen:

- die Kinder- und Jugendwohngruppe „Villa Felicitas" (für 5 bis 18 Jährige)
- die Kinder- und Jugendwohngruppe „Villa Anna" (für 5 bis 18 Jährige)
- „Villa Max" (für Kinder und Jugendliche ab 13 Jahren)[13]
- „WG Erfurter Straße" Weimar und „WG Spitzweidenweg" Jena für Jugendliche und junge Erwachsene mit Essstörungen[14]
- vier Familienwohngruppen für die längerfristige Unterbringung von Kindern im Familienverband.[15]

Das Projekt „Team Jugend Weimar" wurde im Trägerverbund mit der Kindervereinigung Weimar e. V. gegründet. Die Jugendclubs „Vortrefflich", Café Conti" sowie der „Eckermann-Klub", gehören zu den Angeboten der offenen Jugendarbeit, ebenso wie das Sportprojekt „Jugend gegen Gewalt" und das Streetworkprojekt „Mobi Team".[16]

Für Grundschüler die im normalen Schulbetrieb nicht regulär beschult werden können und Unterstützung brauchen, gibt es das Ganztagsschulprojekt „Kompass".[17]

In der „Villa Matratze" finden Jugendliche und junge Erwachsene eine Notfallschlafstelle und Schutz vor Obdachlosigkeit.[18]

Das Tochterunternehmen „AG Fallschirm GmbH", gegründet von der Kinder- und Jugendland GmbH und der Stiftung, bietet pädagogische, psychische sowie therapeutische Koordination , ist also Fachdienstleister der stationären Einrichtungen der Stiftung.[19]

---

[12] vgl. http://www.stiftunghaar.de/stiftung/konzeption.html; 10.07.09
[13] vgl. http://www.stiftunghaar.de/einrichtungen/villafelicitas.html; 15.07.09
[14] vgl. http://www.stiftunghaar.de/einrichtungen/wgs.html; 15.07.09
[15] vgl. http://www.stiftunghaar.de/einrichtungen/famwg.html; 15.07.09
[16] vgl. http://www.stiftunghaar.de/einrichtungen/tjw.html; 16.07.09
[17] vgl. http://www.stiftunghaar.de/einrichtungen/kompass.html; 16.07.09
[18] vgl. http://www.stiftunghaar.de/einrichtungen/matratze.html; 16.07.09
[19] vgl. Leistungsbeschreibung „Villa Max" 2008; S. 3

2.5 Gleiche Qualität und fachliche Rahmenbedingungen in allen stationären Einrichtungen der Stiftung

Nach §37 des SGB VIII arbeiten die stationären Einrichtungen der Stiftung ressourcenorientiert mit den Familien der betroffen Kinder und Jugendlichen.

Ziele sind dabei:

* „Ressourcenorientierung in der Herkunftsfamilie
* der frühsten möglichen Rückkehr der Kinder/Jugendlichen in die Herkunftsfamilie (die Leistung soll nur solange wie nötig,
* nicht solange wie möglich gewährt werden…)
* der nachhaltigen Stärkung der Familien- bzw. Herkunftssysteme
* der Befähigung der Familien, die Erziehung ihrer Kinder wieder selbst zu übernehmen."[20]

In Absprache mit den Eltern werden dann individuelle Ziele für die Kinder beziehungsweise Jugendlichen festgelegt.

Auf Grundlage des systemorientierten Arbeitsansatzes werden primär die Stärken der Klienten gefördert und die verschiedenen Lebensmodelle der Familien akzeptiert, um so ihrem individuellen Bedarf gerecht zu werden. Jene Eltern werden ihrer Verantwortung gegenüber ihren Kindern nicht entmündigt, sondern sind an der Gestaltung des Prozesses der Leistungsfindung und Leistungsrealisierung aktiv beteiligt. Es sollen für die Betroffenen durch Ressourcenorientierung keine Ersatzsysteme aufgebaut werden, sondern es werden Perspektiven geschaffen, die den Einzelnen stärken und Veränderungsimpulse gegeben.

Die stationären Einrichtungen der Stiftung orientieren sich am Qualitätsentwicklungskonzept „Standards der Qualitätsentwicklung", welches zwischen den Jugendämtern Weimars sowie des Weimarer Landes und der Arbeitsgemeinschaft der Freien Träger der stationären Einrichtungen, entwickelt wurde.

Durch unterschiedliche Methoden der Einzelfallbegleitung sowie Organisations-, Konzept- und Personalentwicklung, soll die Struktur-, Prozess- und Ergebnisqualität der Einrichtungen gesichert werden. Strukturiert werden diese Leistungs-, Beratungs- und Controllingaufgaben in nachstehende Gebiete:[21]

„A. Gesamteinrichtungs- bzw. Wohngruppen bezogene Erziehungsleitungsaufgaben:

---

[20] vgl. Leistungsbeschreibung „Villa Max" 2008; S. 4
[21] vgl. Leistungsbeschreibung „Villa Max" 2008; S. 4

1. Projekt- und Konzeptentwicklung für die Wohngruppen
2. Personalplanung, -koordination und Personalverwaltung
3. Implementierung und Kontrolle von Methoden der Qualitätssicherung
4. Kontinuierliche Praxisreflexion und -beratung,
5. Teamentwicklung
6. Personalentwicklung
7. Fort- und Weiterbildungskonzeption, -organisation bzw. -durchführung
8. Dokumentation der Ergebnisqualität/Berichtswesen
9. Klärung von Anfragesituationen vor Aufnahme eines Kindes/Jugendlichen
10. Entwicklung flexibler Hilfeangebote in Koordination mit Jugendämtern und Einrichtungen
11. Akquise, Werbung, Öffentlichkeitsarbeit"[22]

„B. Einzelfall bezogenen Aufgaben im Rahmen der Regelleistung der Einrichtung:

1. Koordination und Begleitung der Clearingphase/Aufnahmesituation entsprechend der mit dem ASD Weimar festgelegten Standards
2. Diagnostische Erstgespräche mit den Kindern und Jugendlichen
3. Basisleistung Fallberatung und psychologische Begleitung
4. Arbeit mit dem Kind/Jugendlichen/dem Familien-/Herkunftssystem (Einzel- und Familiengespräche innerhalb der Regelleistung)
5. Mitwirkung bei der Vorbereitung und Durchführung der Hilfeplangespräche
6. Erziehungsplanung
7. Unterstützung der Teams bei der Erstellung der Entwicklungsberichte/Stellungnahmen
8. Krisenintervention im Erziehungsprozess, im Team, mit Institutionen
9. Koordination und Entwicklung von Zusammenarbeits- und Vernetzungsstrukturen mit anderen Institutionen (z.B. Schule, Beratungsdiensten) sowie weiteren Projekten innerhalb der Stiftung
10. Vorbereitung und Entwicklung des Konzeptes zur Nachbetreuung"[23]

Die Einzel- und Prozessbegleitung wird durch sozialpädagogische, therapeutische und psychologische Fachkräfte der Stiftung oder auf Fachstundenbasis mit Anbieter von außerhalb

---

[22] vgl. Leistungsbeschreibung Villa Max 2008; S. 5
[23] vgl. Leistungsbeschreibung Villa Max 2008; S. 5

durchgeführt. Bezogen auf die Gesamtkapazität der Stiftung liegt der Personalkontingent für Erziehungsleitungsaufgaben bei 1, 4 VbE und für psychologischer Begleitung bei 0, 7 VbE.[24]

Therapeutische Betreuung, wie Einzeltherapie oder Familientherapie werden als individuelle Zusatzleistungen, welche, wenn nötig im Hilfeplan vorgeschrieben sind, durch die „AG Fallschirm" geleistet oder auch durch andere Therapeuten.[25]

3. Die Kinder- und Jugendwohngruppe „Villa Max"

3.1 Rechtliche Grundlagen, Aufnahmekriterien und pädagogische Ziele

Auf Grundlage der Hilfen zur Erziehung nach §27 in Verbindung mit §34 SGB VIII, der Hilfen für junge Volljährige nach §41 SGB VIII sowie gemeinsame Wohnformen für Mütter oder Väter mit ihren Kindern nach §19 SGB VIII und in Einzelfällen Maßnahmen nach §13 Abs. 3 wie auch nach §35a SGB VIII, sind Leistungen durch die „Villa Max" durchführbar.[26]

Das gemischte Team, bestehend aus fünf Diplom SozialpädagogInnen beziehungsweise staatlich anerkannten ErzieherInnen, sieht seinen pädagogischen Kern in der Bestärkung ihrer Klienten beim Lösen jugendtypischer Entwicklungsaufgaben unter Rücksicht individueller Zustände und Biografien. Dieses Grundverständnis ist wichtig für die Planung und Gestaltung der pädagogischen Leistungen, wie auch Inhalte für die Arbeit mit den älteren Kindern und Jugendlichen ab 13 Jahren, den jungen Volljährigen sowie minderjährigen oder jungen Müttern.[27]

Bevor ein Kind oder ein Jugendlicher einem freien, von den zehn vorhandenen Plätzen zugewiesen bekommen kann, findet ein Aufnahmegespräch mit den Sorgeberechtigten, einem/r JugendamtsmitarbeiterIn, der Teamleitung und einem pädagogischen Mitarbeiter statt. Bei diesem Gespräch spielt auch die Eigenmotivation des Kindes für die Aufnahme in die Einrichtung eine große Rolle. Nach der Feststellung des Hilfebedarfs kann geprüft werden, ob die aktuellen personellen und konzeptionellen Möglichkeiten für eine Maßnahme geeignet sind. Bei der Verweigerung der Mitwirkung oder wenn die Abhängigkeit von Suchtmitteln primär

---

[24] vgl. Leistungsbeschreibung Villa Max 2008; S. 6
[25] vgl. Leistungsbeschreibung „Villa Max" 2008; S. 7
[26] vgl. Konzeption Kinder- und Jugendwohngruppe „Villa Max" 2008; S. 1
[27] vgl. Konzeption Kinder- und Jugendwohngruppe „Villa Max" 2008; S. 2

eine Therapie benötigt, kann die Hilfe in der „Villa Max" nicht geeignet sein oder während dieser abgebrochen werden.[28]

Pädagogisches Ziel ist es, die Kinder, Jugendlichen wie auch jungen Erwachsenen zu Eigenverantwortung und einer autonomen Lebensführung, unter Beachtung ihrer Ressourcen, zu befähigen. Sie sollen ihre Ressourcen und Fertigkeiten anwenden und ausbauen lernen. Unterstützung und Stärkung bei der Lösung ihrer individuellen Entwicklungsaufgaben, sollen die Klienten außerdem vom Team der „Villa Max" erfahren. Zu diesen Entwicklungsaufgaben gehören hauptsachlich:[29]

- „Verarbeitung der körperlichen und seelischen Veränderungen im Zusammenhang mit der Pubertät und dem Erwachsen werden
- Identitätsfindung: Ich-Entwicklung, Aufbau neuer Beziehungsformen, Erwerb von Geschlechtsrollen
- Reorganisation bestehender sozialer und insbesondere familiärer Beziehungen
- Umgang mit schulischen Leistungsanforderungen, Erarbeitung einer beruflichen Perspektive
- Aufbau von kulturellen Orientierungen, gesellschaftlichen und individuellen Wert- und Normenvorstellungen"[30]

Daraus ergeben sich für die pädagogischen Mitarbeiter folgende Teilziele für ihre Arbeit mit den Entwicklungsaufgaben des Jugendalters:

- „Förderung der gesunden körperlichen und seelischen Entwicklung
- Förderung einer umfassenden geistigen und emotionalen Bildung
- Befähigung zur Selbständigkeit und Vertretung eigener Interessen
- Vermittlung von Normen und Werten im sozialen und gesellschaftlichen Zusammenleben"[31]

---

[28] vgl. Konzeption Kinder- und Jugendwohngruppe „Villa Max" 2008; S. 3
[29] vgl. Konzeption Kinder- und Jugendwohngruppe „Villa Max" 2008; S. 4
[30] vgl. Konzeption Kinder- und Jugendwohngruppe „Villa Max" 2008; S. 4
[31] vgl. Konzeption Kinder- und Jugendwohngruppe „Villa Max" 2008; S. 4, 5

3.2 Beispielhafte Methoden

3.2.1 Das Kontaktbetreuersystem

Ein pädagogisch bedeutsamer Bestandteil ist das Kontakterziehersystem. Bei dieser Methode werden den Kindern und Jugendlichen Teams aus jeweils zwei Mitarbeitern zur Seite gestellt, der Kontaktbetreuer wie auch der Co- Betreuer. Diese sind für die Umsetzung des Hilfeplans verantwortlich und unterstützen die zu Betreuenden vom Einzug bis zum Auszug sowie bei Bedarf nach §41 SGB VIII, darüber hinaus. Familienarbeit, Absprachen mit dem Jugendamt, schulische wie auch berufliche Ausbildung gehören zum Beispiel zu ihren Aufgaben. Intention dieses Systems ist dabei, den Kindern und Jugendlichen Beständigkeit und Zuverlässigkeit zu vermitteln. Außerdem soll es die Chance geben, eine affektive Verbindung, als Ansprechpartner, Reibefläche, Vorbild, Freund oder Ersatzelternteil zum Betreuer aufzubauen.[32]

3.2.2 Das Monatsgespräch

Das Monatsgespräch ist eine weitere bedeutende pädagogische Methode in der „Villa Max". Es findet monatlich im Kontaktbetreuersystem, mit dem einzelnen Kind oder Jugendlichen in dessen Privatzimmer statt. Die Gegenstände dieses Gesprächs sind:[33]

- „Eigenes Handeln einschätzen zu lernen und sowohl positive als auch negative Fremdeinschätzungen annehmen zu können
- Eigene Wünsche und Bedürfnisse zu äußern, aber auch deren Grenzen zu akzeptieren
- Kommunikationsfähigkeiten im Zusammenhang mit Aushandlungsprozessen zu üben (Argumentieren, Zuhören, Diskutieren ...)
- Eigene Ziele zu formulieren und erste Schritte zu deren Umsetzung zu planen
- Verbindliche Absprachen treffen, einhalten und einfordern zu lernen"[34]

Weiterhin wird von den Kindern und Jugendlichen in der sicheren Atmosphäre des Monatsgesprächs, eine eigene Einschätzung des vergangenen Monats, im Zusammenhang der Realisierung der gesetzten Ziele sowie des Gruppenlebens innerhalb der Einrichtung, verlangt. Gleichzeitig werden diese auch von den Betreuern eingeschätzt und durch ein Belohnungssystem in Gestalt von extra Taschengeld verdeutlicht.

---

[32] vgl. Konzeption Kinder- und Jugendwohngruppe „Villa Max" 2008, S. 8f.
[33] vgl. Konzeption Kinder- und Jugendwohngruppe „Villa Max" 2008, S. 7
[34] vgl. Konzeption Kinder- und Jugendwohngruppe „Villa Max" 2008, S. 7

3.2.3 Das Gruppengespräch

Im Abstand von zwei Wochen wird ein Treffen aller Mitbewohner der „Villa Max", mit mindestens zwei Betreuern, organisiert. Die Betreuer übernehmen die Moderation der Gespräche, bei denen die schlüssige Kommunizierfähigkeit der Kinder und Jugendlichen gefestigt werden soll. Die aktuellen Themen, welche die ganze Gruppe oder Einzelne betreffen, werden gemeinsam von den Betreuern sowie den Kindern und Jugendlichen ausgewählt, gelöst sowie ausgewertet. Die BewohnerInnen müssen sich alle im Gruppengespräch einbringen, dadurch können diese ihre Stärken und Schwächen austesten wie auch einen Platz in der Gruppe finden. Die Ergebnisse des Treffens werden von einem Bewohner schriftlich im Protokoll festgehalten, um später nachlesbar auszuhängen.[35]

3.3 Das Raumkonzept der „Villa Max"

In den zwei obersten Etagen eines Mehrfamilienhauses im Weimarer Zentrum, ist die Kinder- und Jugendwohngruppe eingemietet. Der Gruppenbereich besteht aus einem gemeinsamen Wohn- und Esszimmer, einer Küche, zwei Bäder, einem Beratungsraum, einem Hausaufgabenbereich, Freizeiträumen und einem Garten. Jüngere und neu aufgenommene Kinder oder Jugendliche werden in den persönlich gestalteten Zimmern der unteren Etage untergebracht. In diesen Räumen erfahren sie einen engen Kontakt zu dem pädagogischen Team, welches Unterstützung wichtiger Lebensbereiche, Strukturierung sowie Begleitung des Alltags anbietet, um eine geborgene Atmosphäre zu verdeutlichen. Zum Gruppenleben gehört auch die gemeinsame Gestaltung von Mahlzeiten in Form von Einkauf, Zubereitung, Tisch decken und abräumen, dazu. Gemeinsames Speisen am Esszimmertisch trägt einen wichtigen Bestandteil zur Kommunikation der Gruppe bei, es wird ausgedehnt über Ereignisse des Tages geredet.

Drei vollausgestattete 2- Raum Wohnungen befinden sich zusätzlich in der oberen Etage. In diesen kann die Verselbständigung, entsprechend der Fähigkeiten der Jugendlichen geübt werden. Die Wohnungen sind jeweils für zwei Jugendliche bzw. für junge Mütter mit einem oder zwei Kindern geeignet. Durch die Trennung vom Gruppenbereich bekommen die Jugendlichen in der Verselbständigungsphase oder die jungen Mütter die Möglichkeit, losgelöst von der Gruppe, gleichzeitig Betreuung und Autonomie zu erfahren.[36]

---

[35] vgl. Konzeption „Villa Max" 2008, S. 8
[36] vgl. Konzeption „Villa Max" 2008, S. 9

3.4 Betreuung von jungen Müttern mit ihren Kindern

In den Wohnungen des Verselbständigungsbereiches besteht nicht nur die Möglichkeit Jugendliche der Gruppe zu Selbständigkeit und Eigenverantwortung zu befähigen, sondern auch junge Mütter mit ihren Kindern aufzunehmen. Durch das Team der „Villa Max" findet eine vollständige Begleitung der Erziehungshandlungen statt. Besonders soll die Beziehung zwischen Mutter und Kind gefördert werden, was durch Anleitung des Kontaktbetreuers geschieht. Weitere Anleitungen erfährt sie in speziellen Lebenslagen wie zum Beispiel bei der Gestaltung des Tagesablaufes, dem Kontakt zur Herkunftsfamilie, der Haushaltsführung, der Lebensgestaltung mit dem Kind oder in Form von Krisenintervention. Einmal in der Woche findet im Kontakterziehersystem eine gemeinsame Reflexion statt und monatlich eine Fallberatung. Auch über die Volljährigkeit der jungen Mutter hinaus, kann jene bei Bedarf in der „Villa Max" wohnen.[37]

4 Die Neue Steuerung- Qualität und Wirtschaftlichkeit

4.1 Ausgangspunkte

Mit der Gewährung einer Hilfe zur Erziehung nach §§27 und 34 ist das Jugendamt als Leistungsträger für die Übernahme der Kosten verantwortlich sowie Partner des Leistungserbringers bzw. der stationären Einrichtung. Die Unkosten setzen sich aus der Organisation der Hilfegewährung, das Leistungsangebot sowie aus dem Umfang des Hilfeplans zusammen.[38]

Das Bedrängnis der Heimeinrichtungen lässt sich damit begründen, dass sie die kostenintensivste Maßnahme der Kinder- und Jugendhilfe ist. Die wirtschaftliche Misslage der öffentlichen Träger und dessen stets wachsende Ausgaben wegen einer hohen Inanspruchnahme der stationären Hilfen, ließen Gesichtspunkte der Wirtschaft, in Form der Neuen Steuerung, in die Jugendhilfe einkehren. Die Neue Steuerung löste eine Debatte über die Qualität aus, welche drei Aufgaben besitzt. Eine intensivere Ausrichtung der stationären Einrichtungen auf den Kunden durch deren Leistungsbeschreibung, welche eine Gegenüberstellung zwischen mehreren Trägern möglich macht und die Herstellung des Kosten-/Nutzenverhältnisses, sind die Themen der Diskussion.[39]

---

[37] vgl. Konzeption „Villa Max"; S. 11f.
[38] vgl. Post 2002, S. 200ff.
[39] vgl. Günder 2007, S. 59ff.

Erstellt von Lydia Respondeck

4.2 Die Qualität der erzieherischen Hilfen

„Sie materialisiert sich insbesondere in dem so genannten Neuen Steuerungsmodell (vgl. KGSt 1993) und den novellierten §§78a bis g des Achten Sozialgesetzbuches (SGB VIII)."[40] Durch die im vorhergehenden Satz genannten Artikeln, ist Qualität, nach ökonomischen Vorbild auch in den Hilfen zur Erziehung zum Maßstab geworden. Das KJHG und die Neue Steuerung haben die Ausgangslage der stationären Einrichtungen grundlegend geändert. Nach §27 muss der Hilfebedarf eines Kindes oder Jugendlichen ermittelt werden. Bei Bedarf resultiert daraus ein pädagogischer Auftrag, dessen Inhalt im individuellen Hilfeplan nach §36 festgemacht wird. Das KJHG macht es möglich, die Wirksamkeit der Hilfe und die dafür notwendige erzieherische Arbeit durch die Einrichtung wie auch das Jugendamt zu überprüfen.[41]

4.3 Problematische Qualitätsmaßstäbe bei den Hilfen zur Erziehung

„Ein ‚zentrales Problem bei der aktuellen Qualitätsdebatte in der Jugendhilfe liegt in dem Versuch, technologische, an eindeutige Ursache- Wirkung- Zusammenhängen ausgerichtete Konzepte von Leistungs- und Qualitätsbeschreibung in sozialpädagogischen Praxisfeldern anzuwenden...' (Merchel 1996, S 102)"[42] Es erweist sich als kompliziert der marktwirtschaftlichen Qualitätszertifizierung, das Qualitätsmanagement und die Qualitätssicherung auf die Erziehungshilfe zu übertragen.[43] Selbst Bemühungen diese an Qualitätsstandards ihrer Resultate und ihrer Effizienz festzuhalten, ist kompliziert. Die Art und Weise wie die erzieherische Hilfe umgesetzt wird, erweist sich als Qualität. Eine gelungene Hilfe kann nicht nur durch eine hochwertige Erziehung gewährleistet werden, sondern ist auch vom Jugendamt und den Personensorgeberechtigten abhängig.[44] Erziehung und erzieherische Hilfe mittels Sozialarbeiter bzw. Sozialpädagogen, lässt sich als „Produkt zusammenfassen. Ob es überhaupt realisierbar ist die ökonomischen Mittel auf die Heimeinrichtungen anzuwenden, deren „Produkt" eine ungegenständliche Arbeit ist, bleibt zunächst unklar. Das größte Problem der Erziehungshilfe ist die Messbarkeit der Qualität.[45] Denn die Kinder- und Jugendhilfe ist immer mit Störungen sowie Abnormitäten konfrontiert.

---

[40] Mursfeld, Quindel, Schmidt (Hrsg.) 2008, S. 99
[41] vgl. Post 2002, S. 202ff.
[42] vgl. Günder 2007, S. 61
[43] vgl. Post 2002, S.202
[44] vgl. Post 2002, S. 205ff.
[45] vgl. Post 2002, S. 206

14

Folglich lässt sich nicht vorhersagen, ob eine Maßnahme die Ziele aus dem Hilfeplan erreicht.[46]

4.4 Leistungsvereinbarung, Entgeltvereinbarung und Qualitätsentwicklungsvereinbarung

Die Leistungsvereinbarung ist das Fundament für die Entgeltvereinbarung wie auch die Qualitätsentwicklungsvereinbarung. Sie ist die Basis der Hilfegewährung nach §§27 und 34.[47]

„Auf diese Weise wird die Kostenübernahme durch die öffentliche Hand mit dem Ziel verknüpft, Qualität zum grundlegenden Kriterium zu erheben."[48]

Die wichtigsten Bestandteile der Leistungsvereinbarung sind:

* „Art, Ziel und Qualität des Leistungsangebots,
* den in der Einrichtung zu betreuenden Personenkreis,
* die erforderliche sächliche und personelle Ausstattung,
* die Qualifikation des Personals sowie
* die betriebsnotwendigen Anlagen der Einrichtung."[49]

Die Leistungsangebote zur Durchführung der nach §78b beschlossenen erzieherischen Hilfen müssen durch den jeweiligen Träger garantiert werden. Deshalb wird Heimeinrichtungen angeraten stets eine Leistungsbeschreibung bereitzuhalten.

Die Qualitätsprinzipien für die Erziehungshilfe mit Auswirkungen auf das Leistungsentgelt, werden durch die Leistungsvereinbarung bestimmt.[50] Entgelte müssen für einen zukünftigen Zeitraum gezahlt werden (§78d Abs. 1).[51] Hohe Ausgaben ergeben sich durch die Leistungsvereinbarung automatisch. Mit Personal-, Sach- und Gemeinkosten, wird die Fachleistungsstunde als Mittel zur Analyse, Erläuterung und Bilanz von Entgelten benötigt, hauptsächlich bei besonderen Leistungen.[52]

Als Basis für die Leistungsvereinbarung und die Leistungsbeschreibung ist die Qualität zu sehen, welche abgesprochen wird.

---

[46] vgl. Günder 2007, S. 61
[47] vgl. Post 2002, S. 213
[48] Post 2002, S. 213
[49] Post 2002, S. 213
[50] vgl. Post 2002, S. 218
[51] vgl. BFSFJ 2007, S. 108
[52] vgl. Post 2002, S. 218ff.

Als Qualitätsmanagement wird die Debatte verschiedener Vorlagen der Qualitätssicherung wie auch Qualitätsentwicklung bezeichnet. Prinzipiell gibt es einen Disput darüber, ob die Gesetzesnovellierung ausreicht, oder ob nach ökonomischen Standards von Qualitätsmanagement- Prinzipien vorgegangen werden soll. Hauptsächlich richtet sich der Blick der stationären Einrichtungen auf die Qualitätsansprüche der Neuen Steuerung.

Die Leistungsvereinbarung und die Entgeltvereinbarung haben sich fast ohne Probleme bei der Einführung der neuen Gesetze realisieren lassen, im Gegensatz zur Qualitätsentwicklungsvereinbarung. Die Leistungsbeschreibungen der Heimeinrichtungen stehen im festen Bezug zur Ermittlung von Qualität. Zwischen der Leistungsvereinbarung und der Qualitätsvereinbarung besteht ein nahtloser Übergang. [53]

---

[53] vgl. Post 2002, S. 219ff.

5   Schlusswort

Die gesetzliche Novellierung des KJHG hat in den stationären Heimeinrichtungen, ebenso in der Stiftung „Dr. Georg Haar" und somit auch in der „Kinder- und Jugendwohngruppe „Villa Max", zu strukturellen Veränderungen wie auch zu einer Verbesserung der Qualität der pädagogischen Arbeit geführt. Die §78 a bis g verfolgen eine effizienter pädagogische Arbeit. Durch die Sicherung von Qualität in der Jugendhilfe soll die Erziehungshilfe wirksamer und dementsprechend kostengünstiger werden.

Die Stiftung verfolgt im Sinne des Gesetzgebers, aber auch im Sinne ihrer eigenen hohen pädagogischen Ansprüche, diese neuen Bestimmungen. Da die Stiftung „Dr. Georg Haar" mehrere Einrichtungen in der offenen und stationären Jugendarbeit unterhält, ist sie bestrebt, diese auf ein gleichwertiges Niveau zu bringen. Deshalb wird in allen Kinder- und Jugendhilfeeinrichtungen nach gleicher Qualität und fachlichen Rahmenbedingungen gearbeitet. Wie die anderen Einrichtungen, ist die „Villa Max" durch eine Konzeption abgesichert, welche ebenfalls wichtige pädagogische Methoden zur Umsetzung der erzieherischen Leistung enthält. Die eindeutigen Aufgabenstellungen in den Konzepten lassen die Pläne durch Supervisionen, Teamberatungen usw. lenken. Diese dient der Sicherung der Qualität in der „Villa Max". Zusätzlich wird Unterstützung in Form von pädagogischer Koordination durch das Tochterunternehmen der Stiftung geboten. Durch diese Maßnahmen sollen die Ziele des Hilfeplans effizient erreicht werden.

Auch auf der Verhandlungsbasis der Leistungsvereinbarung mit dem Jugendamt, hat die „Villa Max" eine Leistungsbeschreibung, zur Sicherung der genügenden, anwendbaren und ökonomischen, pädagogischen Leistung. Die Leistungsbeschreibung stimmt inhaltlich mit der Leistungsvereinbarung überein.

Da die erhöhte Nachfrage bei den Anspruchsberechtigten nicht zur erwarteten Kostensenkung führte, wurde versucht durch bessere Qualität des Systems der Hilfen zur Erziehung, u. a. die stationären Einrichtungen effektiver zu gestalten.

Die Einführung der §78 a bis g führte bei der „Villa Max" bzw. den stationären Einrichtungen durch die erforderlichen Leistungs- und Angebotsbeschreibungen zu mehr Transparenz, Ausdifferenzierung und Selbstreflexion.

Erstellt von Lydia Respondeck

Literaturverzeichnis

I.   Fachbücher

Günder, Richard (2007): Praxis und Methoden der Heimerziehung. Entwicklungen, Veränderungen und Perspektiven der stationären Erziehungshilfe. 3.Auflage. Freiburg im Breisgau: Lambertus- Verlag

Mursfeld, Tamara; Quindel, Ralf; Schmidt, Andrea (Hrsg.) (2008): Einsprüche. Kritische Praxis Sozialer Arbeit in der Kinder- und Jugendhilfe. Baltmannsweiler: Schneider Verlag Hohengeren GmbH

Post, Wolfgang (2002): Erziehung im Heim. Perspektiven der Heimerziehung im System der Jugendhilfe: 2.Auflage: Weinheim und München: Juventa Verlag

II.   Internetquellen

http://www.stiftunghaar.de/einrichtungen/famwg.html; 15.07.09

http://www.stiftunghaar.de/einrichtungen/kompass.html; 16.07.09

http://www.stiftunghaar.de/einrichtungen/matratze.html; 16.07.09

http://www.stiftunghaar.de/einrichtungen/tjw.html; 16.07.09

http://www.stiftunghaar.de/einrichtungen/villafelicitas.html; 15.07.09

http://www.stiftunghaar.de/einrichtungen/wgs.html; 15.07.09

http://www.stiftunghaar.de/stiftung/geschichte.html, 10.07.2009

http://www.stiftunghaar.de/stiftung/geschichte-entstehung.html; 10.07.2009

http://www.stiftunghaar.de/stiftung/konzeption.html, 10. 07. 2009

III.   Gesetzestexte

Bundesministerium für Familie, Senioren, Frauen und Jugend (BMFSFJ) (Hrsg.) (2007): Kinder- und Jugendhilfe. Achtes Buch Sozialgesetzbuch. Berlin: Druck Vogt GmbH

IV.   Sonstige

Konzeption „Villa Max" 2008, auch im Internet zu finden: http://www.stiftunghaar.de/einrichtungen/pics/max/konzeption_villa_max_2008_15.01.08.pdf

Leistungsbeschreibung „Villa Max" 2008, auch im Internet unter http://www.stiftunghaar.de/einrichtungen/pics/max/konzeption_villa_max_2008_15.01.08.pdf zu finden